사랑과 떨림이가
늘 함께하지나-

여서완

사랑 활용법

사랑 활용법

여서완 시집

조인컴

여서완 시집 『사랑 활용법』

여서완 시인은 사진 시집 『태양의 알』로 한국 시단에 새로운 충격을 준 바 있다. 태양 속으로 들어가 태양의 마음을 훔친 시인은 오묘한 우주의 선물이 사랑 에너지라고 믿는다. 이 믿음이 더욱 깊어진 이번 시집 『사랑 활용법』은 너와 나 사이 "거리를 두어/텅 비어 가득한 사랑/파동의 창조"(「사랑 활용법」), 그리고 우주와 한 몸으로서의 빛과 파동이 생명의식으로 출렁인다. 여서완 시인의 시에는 텅 비어 가득한 내가 우주의 축소판이며, 사랑의 마음이 사람의 가슴이며, 빛의 입자임을 새로이 깨닫게 한다. 또한, 북한이 남쪽으로 보내는 쓰레기 풍선이 "애드벌룬처럼 예쁜/희망 풍선"(「희망 풍선」)이었으면 좋겠다고, 그러면 남쪽은 희망 편지를 담아서 날려 보낼 "꽃불의 자유"(「하얀 불」)처럼 평화와 자유를 갈망하는가 하면, 낙타가 자기의 등을 낮추어 온몸을 내주듯 "누군가에게 온몸을 내어준다는 것이/얼마나 아름다운 일인지"(「쌍봉낙타」) 자신을 성찰하는 힘도 이 시집의 강점이다. 여서완 시인의 『사랑 활용법』이 시인의 삶에서 또 하나의 새로운 전환점이 되리라 믿으며 진심으로 축하드린다.

-허형만(시인. 목포대 명예교수)

시인의 말

빛을 표현하는 방법으로 『태양의 알』이 탄생되었습니다.
가슴을 표현하는 방법을 찾고 있었습니다.
『사랑 활용법』은 가슴을 표현하는 방법을 찾는 과정입니다.
사람들은 가슴을 표현하는 방법으로 하트를 만든 것 같습니다.
북한산 구기동 탕춘대길을 오르락내리락 다니며 돌멩이 하나씩을 쥐고 다녔습니다.
그러다 어느 날 L자를 만나고 봉황대에서 빨간 물감으로 하트도 그려보았습니다.
그렇게 LOVE 글자가 만들어졌습니다.
북한산 길에서 만났던 돌멩이가 『사랑 활용법』에 왔습니다.

차례

005 시인의 말

제1부

사랑활용법

014 사랑 활용법
015 태양 명상
016 사랑의 영토를 넓혀라
017 해를 건지러
018 해를 빨아들이는 시간
019 태양 예찬
020 사막의 해
021 사랑은 움직이는 것
022 빛 알
023 햇빛줄기는 무슨 맛일까
024 가슴에 플러그를 꽂아요
025 순응
026 가슴에 복종하는 시간
027 손가락에 심장 박동 달던 날
028 때로는 버티고 견디는 것이 삶
029 심장의 뇌
030 별난 나눔법
031 눈사람과 태양
032 거미집
033 맘 소리 몸짓
034 감사

제2부

나답게 자유롭게 평화롭게

038 나답게 자유롭게 평화롭게
039 생일날
040 빈우궁
041 달항아리
042 미소
043 이렇게 늙어가도 좋겠다
044 봉숭아 꽃물
045 청솔 푸른 그늘 아래
046 내가 심은 사랑
047 개근상
048 별아이 생일
048 가스라이팅
050 달을 찍다
051 태풍이 지나갈 때
052 물웅덩이
053 봄 오는 소리
054 검은 등 뻐꾸기
055 멍
056 차이
057 손가락에도 감사를
058 생각이 귀로 흘러 나와
059 웃음

제3부

여행

062   여행은
063   홍도그리스도
064   쌍봉낙타
065   몽골에서의 일출
066   한을 태우다
067   허난설원, 강릉
068   웁살라 정원에서
069   제주의 돌
070   무유도
071   백담사 아기고양이
072   보라섬
073   죽서루
074   비봉능선
075   스카이 워크
076   무지개 깃발
077   변신
078   입 무덤
079   맨발로 걷다
080   섬
081   맹방 해수욕장에서
082   색달바다 제주에서
083   너의 목소리
084   여행

사랑 활용법

제4부

하얀 불

088 하얀 불
089 꿈틀춤
091 자연은 힘을 주지 않는다
091 대나무
092 붓꽃
093 자미성의 해바라기
094 여름 미는 소리
095 핑계 대기 좋은 날
096 담쟁이
097 까마중
098 가을 들판
099 자작나무 노래
100 우리 동네 느티나무
101 겨우살이
102 서리 꽃
103 가슴에다 숲길 들여 놓았다
104 걷기 명상
105 숲이 걷고 있다
106 잠시 빌려쓰는 인생
107 신들이 열어놓은 옹달샘 음악회
108 자연 치유력
109 너의 목소리

제 5부

시詩를 심는 일

- 112 시詩를 심는 일
- 113 글은 광선이다
- 114 2024 노벨 문학상, 뚫었다
- 115 작가
- 116 그대 가신 날
- 118 마음의 무게
- 119 눈물과 웃음은 친구예요
- 120 말칼
- 121 내가 당신의 자랑이었으면 좋겠습니다
- 122 신 오감도
- 123 마스크
- 124 길들여진 사람들
- 125 무위無爲
- 126 쉼
- 127 후원자
- 128 메타버스
- 129 한글 예찬
- 130 만파식적 문무대왕릉
- 131 통일 한국
- 132 한탄강 나비
- 133 지구 과제
- 134 희망 풍선

- 136 후기

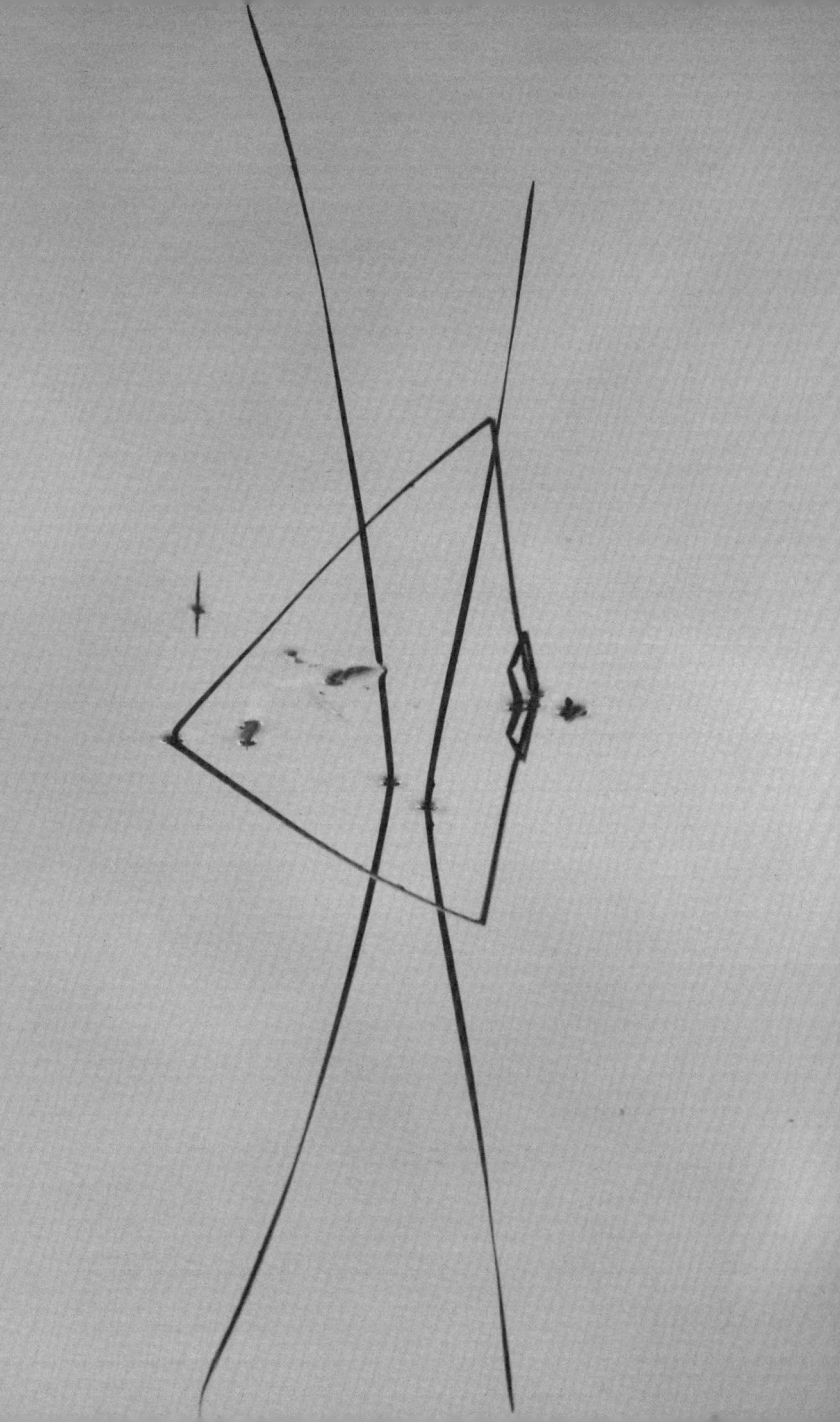

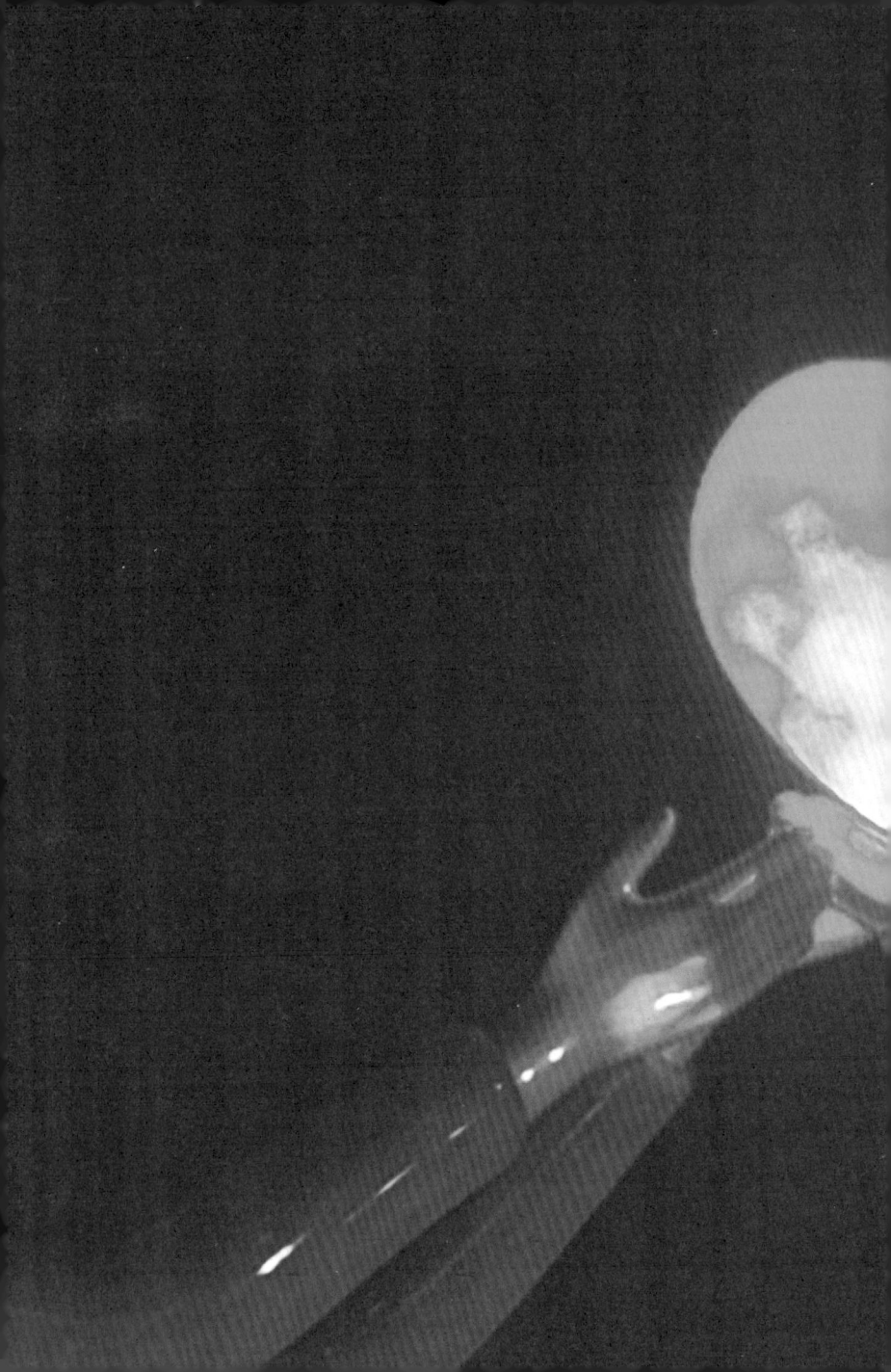

제 1부

사랑활용법

사랑 활용법

너와 나 사이
대충 그렇게 살자

거리를 두어
텅 비어 가득한 사랑 느끼고
파동의 창조 즐기자

사방 가운데 선 나
내가 움직이는 대로 변하는 세상

텅 비어 가득한 나는
우주의 축소판

인생과 경영도
빛과 파동의 생명에너지로
틈 사이 꽃 피우는 일

존재하되 드러내지 않는
파동은 사랑
살아 움직이는 빛이 사랑

너와 나
사랑이 사람

사랑 활용법

태양명상

야금야금 눈이 태양을 먹는 소리
옴하고 돌아가는 둥근 원
내 몸은 그 사랑에 눈멀고
그 빛에 꽃 핀다

태양 사랑에 에취하고 대답하는
지구의 부끄럼쟁이 사랑꾼
나 같은 사람 둘 더 만났다

자 이제 해보자

사랑의 영토를 넓혀라

보이지 않지만 존재하는 빛의 입자
그것 움직이는 것이
사람·사랑의 마음·가슴

사람 마음이 공간 가득 차 있는 빛의 입자 부리는 일
용은 그것의 상징, 미르는 파동
지구상 존재하지 않는 상상속의 동물
빛의 파동 작용이 상상의 영토

생각은 생각일 뿐 구름 같은 것
가슴에서 나오는 사랑의 파동과
빛 에너지 만나서 창조되는 세상
용이 하늘로 승천하듯
그 너머 내면의 가슴 느끼고 조율하라

갑진 청룡의 해 2024년
봄 보다 푸른 청룡아
가슴과 빛이 만들어가는 세상에
네가 물고 오는 여의주
길은 가슴에 있다
사랑의 영토를 넓혀라

사랑 활용법

해를 건지러

해를 건지겠다는 야무진 계획으로
새벽에 뜰채를 들고 바닷가를 갔지
해가 뜰 것이라는 붉은 조짐이 일기 시작했어
수평선 위로 검은 구름 둘러싸 지키고 있었지만
파도의 세찬 기합 소리에
슬슬 어둠이 뒷걸음치고 있었지
모두가 긴장한 것인지
바다가 하얀 입김을 뿜기 시작했지
나도 힘을 너무 주었는지
발가락 사이의 모래가 푹 패어 들어간 것 같았어
잠시 파도랑 노는 방심한 사이 한순간
주인공 해가 모습 드러냈어
나는 얼른 뜰채를 휘둘렀지
해는 담아도 담아도 그 자리만 물들이고
손에는 잡히지 않았어
해를 건질 수 없다는 것을 알아채었을 때는
이미 해가 쑤욱 자라 있었어

울 아이도 그랬었지

해를 빨아들이는 시간

태양 빛이 선을 그리다 원을 그리고
빛으로 상재한다

무리 지어 핀 흰 꽃들 사이
빛 가닥이 솔잎 사이로
무수한 선을 긋고 놀다가 내 눈과 마주쳤다

모든 색이 녹아 하얗게 존재하다가
이파리에 자신의 빛 얹어준다

빛 가닥에 새소리 얹었다
존재하지만 존재 없는 상재
빛 에너지 공의 세계
빛과 가슴과의 조우는
너머 세계와의 경계다

팥배나무 위에서
새들이 음악을 펴서 깔면

빛살이 인당을 어루만진다

사랑 활용법

태양 예찬

신록의 계절 오월
판단 없는 고른 빛으로
사랑 전하는 태양
내가 닮고자 하는 그 모습

부운도 없는 날 향로봉 바라보니
새파란 하늘 고르게 푸르다
태양의 빛으로
초록들 각각 제 본색 드러내고
소나무 꽃 피어 송홧가루 날리며
온갖 초록들에 노랑 붓칠 하고 있다

그냥 그대로 존재하며
그 자체의 빛으로 뿌려지는
에너지 파동 물결

같은 파동끼리 언제나 소통하는
늘 같은 모습의 태양

송과선에 에너지 주파수 맞추고
시마여
태양의 시마여!

사막의 해

쿠무타크 사막 모래 언덕
끝도 없이 펼쳐진 모래 알
바람이 파도 일으키며
산이 출렁대고 물결 출렁 출렁
산을 옮기고 있다

만물의 근원 만물의 씨알
희망 꿈 미래인 태양의 알

사막의 태양 품은 카메라가
태양이 품어준 알 내 속에 넣는다
태양을 잉태한 배가 불러온다
태양이 알을 쏟아내고
다시
하나 둘 해를 낳는다

사랑 활용법

사랑은 움직이는 것

인간은 뭔가를 찾고 있었다
그 전 해에도 그랬었다
그러던 어느 날
뽑아내기 시작했다
아예 없애버릴 기세였다

대책회의가 있었다
인간들이 원하는 것은 돌연변이
그렇다면 진화하는 수밖에
모든 잎들이 돌연히 변했다

네 개의 이파리
더러는 다섯 이파리
사람들은 그것을 행운이라 부른다
행운의 네잎클로버

우리는 보여주었다
끊임없이 창조하는
세상의 이치를

사랑은 움직이는 것이라는 것을

빛 알

나는 빛을 그린다
어느 날 빛을 찍었고 이제 그것을 그린다
태양의 알이 늘려있는 빛 알
캔버스 위에 펼치면 무지개 뜬다

나는 사랑을 그린다
빛이 사랑이다
세상에 늘려 있는 사랑
화폭에 담으면 사랑이 퍼진다

나는 파동을 그린다
세상에 늘려있는 파동 에너지
그것을 담은 캔버스는
고요히 세상 치유한다

무한에 공 속에 존재하는 빛 알
양자 홀로그램의 에너지
반짝이는 빛 알은
기적 일으키는 마술이다

사랑 활용법

햇빛 줄기는 무슨 맛일까

아카루스의 밀랍은 햇빛 줄기가 녹였을까
오십 지나고 부터 세월의 걸음 빨라졌다
늘 다니던 길 시시하다고
가시덤불 우거진 곳 찾다 보니
이곳 저곳 생채기 많다

티베트 바람 소리 파동이
모세혈관 흔들었는지
심장부터 울리며 흔들린다
햇빛에 녹여 몸 깨우고 마음 깨워
영혼까지 깨우는 일 해야 한다고 했다

기계들이 마음 얻으려고 인간에게 추파 던진다
AI가 세상 일에 관여한다는
네모 기사가 실렸다

영혼 일에 간여할거라는 소문이 돈다

파동의 울림이 세포 뚫는다
심장의 피가 뇌세포 돌아 나올 때 뇌파와 공명하며
소리도 햇빛 줄기 먹는다
그 줄기 먹지 않은 것 아무것도 없다
AI가 햇빛 줄기 싫어하는 것은 안다
사람들은 기계들이 영혼의 일에 간여한다는
것의 의미 알아차려야 한다

가슴에 플러그를 꽂아요

빨간 불이 켜지며 충전 시작된다
충전 끝날 때 쯤 쿨럭쿨럭 소리낸다
딸깍 충전 버튼 잠긴다
충전 끝난 가슴이
다른 가슴에 온기 전한다
사랑이 불 되어 번진다
가슴에 켠 불이
에너지를 움직인다
에너지는 물질이 되어 살아간다

메인보드가 나갔다
컴퓨터의 심장이 나간 것이라고
둘째 라푼젤이 종알댄다

가슴에 플러그를 꽂아요

사랑 활용법

순응

가을 밭 풀들
순응하는 법 안다
재빠르게 꽃 피우고 열매 맺어
사라질 채비도 빠르다

가을 밭 풀들
발 끝에 힘 주고 산다
오롯이 뿌리의 힘으로
버텨야 하는 겨울의 시간 안다

가을 밭 풀들
꼿꼿이 고개 들지 않는다
무서리 한 칼에 사라져 버리는 것
그들은 안다

그냥 안다

가슴에 복종하는 시간

심장이 버거운 날들에
시간아 지나가라 주문 걸었다
주문 걸든 걸지 않든
때 되면 단풍들고 낙엽 지듯 시간 흘러가고
버거운 심장도 지나갔다
나는 가슴에 복종한다
가슴이 길 제시하면
그 길이 당신이 그려놓은 지도라는 것 알아채고 따른다
아주 오래 전 그렇게 왕창 울고
가슴 열리며 부드러운 촉수가
가슴 어루만지던 손길 기억한다

사랑과 평화 조화 속에 늘려있는 사랑 에너지
이런 것들 펼쳐진 세상임 알았다
기대와 판단 놓고
왔다가 사라지며 남아있는 기억들
내 것이라 잡지 않고
손 펴서 놓아주던 시간들
물 먹은 콩나물 소리 없이 자라듯
가슴에 집중하며 의식은 성장한다

가슴에 복종하는 시간
세상이라는 화판에 가슴으로 그릴 수 있게 펼쳐준
가슴으로 소통하는 지구에서의 아름다운 시간들

사랑 활용법

손가락에 심장 박동 달던 날

손가락에 심장박동 달았다

잠시 마음이 빠져나간 사이
오른손 엄지손가락이 김치냉장고 뚜껑 사이 끼어
손톱 갈라지고 손가락 깨졌다
사 가지고 온 배추 모종과 무 모종도 심을 수 없고
아무것도 할 수 없을 때

기대하지 않고 노력하지 않고
쉼이라는 단어 그 안에서 쉬는 시간

느낌을 알아차리는 훈련이 제대로
자유 찾은 듯
아픈 손가락이 뛴다
쿵쿵 쿵쿵

가슴의 언어 가슴의 느낌 손가락에 닿았다
우주의 심장 박동으로 살아있는 가슴이
손가락으로 왔다

명상의 시간

때로는 버티고 견디는 것이 삶

비 기다리다
말라 죽을 것 같은 가뭄 버티니
장마 찾아왔네
더러는 녹아 죽고
더러는 빠져 죽네

장마 버티니
생명이 희망이네
푸른 잎에 윤기가 흐르고
태양빛에 열매 살찌네

낙엽 되지 못하고 가뭄에 다친 채
무량세계에 갇혀 있는 찰라
순간이 영원인 듯 닫혀 말라버린 잎

견디는 것이 삶이네
그냥 견디다 보면
저절로 알게 되는 게 삶이라네

사랑 활용법

심장의 뇌

아이 같은 순수함으로 가벼워지고
조건 없는 사랑으로 나누는 열망이
가슴속에서 영혼의 악기로
자연스럽게 일어나는 지금
충분한 풍요 체험하는
부용꽃 미소 짓는 아침

내면에 들어가 본성 깨워야 할
사랑, 자유의 원동력
생명의 꽃

조화로운 의식으로 나누어야 할
우주의 빛
하나의 점으로
모든 것 이해되는
가슴 속 살아 있는 작은 공간
심장의 뇌

고향 찾아가는 여정
잃어버린 본성 찾는 열쇠
그곳에 숨어있다

별난 나눔법

주는 것과 받는 것이 같고

나눌수록 커지는

별난 나눔법

사랑은 그런거래요

사랑 활용법

눈사람과 태양

2주 동안 사람으로 환생하여
당신만 보았어요
바가지로 눈물 쏟아지고

내가 없어질 때까지
흘리는 대로 눈물 거두며
얼굴 반쪽 되어도
눈물 자욱까지 다 닦아주며
보살피는 당신

내가 없어질 때까지
바라 보며
환생의 꿈 환하게 펼쳐 보이는

우주의 중첩

둥글게 둥글게 중첩된 것들이
하나는 사라지고

둥근 하나만 남아

거미집

있는 듯 없는 듯 존재했던
거미의 집들이
회색 안개 물방울에 붙들려
그물망의 존재 드러났다

안개가 들추어낸 누옥의 보석들

태양이
존재하는 어떤 것
에너지 양자의 세계
드러내 보이게 했다

태양이
물방울 걷어 가면
있는 듯 없는 듯 존재하는 것들로
감추어버리는 신비
존재하는 무의식의 세계

그물망이 드러난 아침
파동의 물결
세상 소용돌이 쳤다

사랑 활용법

뫔 소리 몸짓

긴 호흡으로 소리 일어나 자연이 되는
숨 들이쉬고 내쉴 때 소리 하나 목구멍 타고 내려가
장기들과 장단 맞추어
음 하니 비장이 대답하고
아 하니 폐장이 깊은 숨 쉰다
어 하니 간장이 움찔움찔
이 하는 소리에 심장이 쿵덕쿵덕
우 하니 신장이 노래한다.
오장의 장기들 일어나 춤추는
치유의 수행법에 나도 몸짓한다.

뫔 소리 몸짓 일어나
몸 마음 건강하고 튼튼하게
자연 스치는 인연 노래하는 가장 자연 닮은 소리
긴 소리의 호흡 평화의 음악
흥이 오르다 날아오르면 치고 나가
장단에 맞추어 덩실덩실
터져 나오는 우주의 사랑노래
몸에서 나온 음이 풀어 헤치고 바람 되어
흥이 하늘로 오르며 소리가 일어나 추는 춤
자유로운 몸짓으로 춤추는 평화 추구의 몸짓
몸과 마음이 치유되는
뫔 소리 몸짓, 영가무도

감사

느낌이 곧 기도다!

명상적 기도로
가슴 센터 문 열어 심장에 집중하라
신성의 순수한 에너지로
매 순간 감사하라

느낌의 감정에 토대 준 기도는
신과 천사들의 언어
신성의 순수 에너지
믿고 느끼고 감사하라

사랑과 조화의 씨앗
미세 에너지의 화학적 변화로
모든 창조물과 연결된다
진정한 하나 됨으로 감사하라

빛과 에너지로 몸 안의 감정 불러올 때
신비한 물질 새로운 형태의 호르몬이
방출되고 에너지의 양자 효과 일으킨다
주파수를 맞추어라

절대 기도의 비밀이다

사랑 활용법

제 2부
나답게 자유롭게 평화롭게

나답게 자유롭게 평화롭게

동방청룡 갑진해에

지상에 天命閣천명각 건립하신

천문님이 주신

큰 의미의 글귀

白忍堂中有泰和백인당중유태화
紫竹林中觀自在자죽임중관자재

매이지 않는 자유자재로의 행로

천문님의 큰 가르침과 지극한 자애

사랑 활용법

생일날

구월은
무성한 풀벌레 앞세워
소리로 먼저 왔다

뽕나무가 놀이터인 냥
나와 놀던 참새 떼의 재잘거림도
뭇 풀벌레들 나와서 불러 주는 노래가
생일 축하 곡이란 것도 몰랐다

하늘에도 땅에도 계시는
어머니가 보내신
우주의 전령인 것을
나는 모르고 있었다

당신의 아이가
세상에 빛이 되라는
응원가 인 줄도 모르고 있었다

빈우궁 牝牛宮

이 지구별에 산 지 어언 60년
천문님은 천상열차분야지도에 있는
내 별의 동네 말한 적 있다
빈우궁
4개의 별이 마름모꼴로 그려져
근처에 삼태극 그리고 여러 별들 있다
이제 환갑이다
여태 어디를 우리 동네라 하고 살았나
지난 10여 년 북한산 아래 구기동을
우리 동네라 부르며 살았고
일산 백마가 다시 우리 동네 되었다
북한산과 서울이 멀어졌고 가게들이 가까워지고
다시 아파트가 집이 되었다
금요일마다 요일장이 서니 신기하고
뚜벅뚜벅 시장 구경도 재미 중 하나
동 사무소 프로그램 중 요가를 즐겨하고
파크골프도 맛 들였다
동네 하나에 완전히 바뀐 듯한 내 삶
저 위 빈우궁은 꿈 속에서나 만나지
자미원 별자리 동네 나와
지구별 동네 사는 지금도 재미나다

사랑 활용법

달항아리

흰 옥빛 환한 얼굴
어머니 모습으로
하늘땅 이어주고 가득히 복을 담은
온누리 밝힌 등불에
우주가 담겼구나

내가 지닌 네모 틀
모조리 깨고 깬
어머니라 부르는 그 아이가 스승이네
이윽고 나 없어지니
둥근달이 차있네

은은한 빛이며
가득한 사랑이여
하늘이 내게 와서 말을 걸고 있었구나
오호라 세상 이치가
하나 되어 빛나네

미소

온화한 미소하나 돌덩이로 살고 있네
바위 속 숨어있다 되살아난 웃음 하나
천년의 백제의 미소
물결 되어 번지네

내 안에 들어와서 비밀을 꺼내보네
내가 웃지 않으면 웃지 않는 그 미소
이윽고 환하게 피어
당신에게 안기네

돌덩이가 미소로 바뀌는 일이란 게
창조가 되어가고 깨달음이 되어가는
이 순간 미소 지음이
삶의 의미 아닌가

사랑 활용법

이렇게 늙어가도 좋겠다

봄볕이 따숩다
비닐 아래 검은 차양 덥고
겨울난 것들
혹여 질식할까
부랴부랴 걷어낸다
돌아보면 성급하게 걸어 온 발걸음도 많았다

비닐 속 그 아래가 파랗다
짙은 초록의 시금치 눈이 부시다
그 사이사이 작은 꽃들 피어 반짝인다
겨울 속에서 건져낸 보석이다
보석으로 국 끓이고 나물 무쳤다
지금 여기라는 보석을 알게 된 나이다

햇살 쏟아지는 봄볕 아래에서
영혼이 쉬어가듯 오롯한 시간
소꿉놀이 하듯 향기가 베어나는 오늘이
고맙고도 아름답구나
이렇게 늙어가도 좋겠다

봉숭아 꽃물

밀가루 떡 손톱 옆에 붙이고
명반과 으깨진 봉숭아 고봉으로 올려
랩으로 곱게 싸고 무명실로 감을 때
열 손가락이 서로 우습다고 키득댄다

손가락마다 무명실 메어 주던 곱디 고운 내님은 ~
노래 흥얼거리며 무명실 메다 웃는 님아

랩 사이로 피 같이 붉은 물 흘릴까
꿈 속에서 꽁꽁 묶여 족쇄 찼다고
손가락 열 개가 감옥에 갇혔다고
밤새 뒤척대더니

아침에 손가락마다 빨간 꽃 피었다
첫 눈 올 때까지 남아있으라 할 때는
볼에도 손톱같이 붉은 물 든다
마당에 봉숭아 심고 따서 꽃 물 들이는 일

흰머리가 생겨도 설레는 일이다

사랑 활용법

청솔 푸른 그늘 아래

"청솔 푸른 그늘에 앉아" 이제하의 글을 읽다가
문득

청솔 푸른 그늘에서
생이 푸르러오

가슴에 푸른 청솔 담고 보랏빛 머리카락 흩날리며
보라세상 누비었소

청솔 푸른 가슴에서
많이 울고 웃었소

생의 반 넘게 함께하며
푸른 그늘 되어준 청솔님 감사하오

백발이 찾아온다해도
늘 푸른 나의 청솔*임을 아오

---

*청솔: 남편의 닉네임

내가 심은 사랑

후니가 후니가 하며
자기가 하겠다던 꼬마 후니가
별아이 둘째 끼고 다닌 시간에
혼자 크듯 훌쩍 자라 사랑 꽃 피운다네
웃을 때 보조개가 설핏 비치고
모행성 빚어낸 그대로 작은 눈에 웃음이 많다
자기 닮아 꼭 귀여운 각시랑 올 가을에는 장가가겠네
훈이 사위용이라 쓰인 버섯 통에 하트버섯도 있다
몽글몽글 사랑이 묻어나온다
주말이 상견례다
군대 갔을 때는 아빠가 매일 위문편지 쓰고
학생 때도 엄마는 뭐해줄까만 물어만 보고
그냥 놔두었다
그냥 두어도 혼자 피어나
향기 나는 백합꽃같이 예쁜 사랑 만났구나
사랑하며 사랑하며 늘 행복해라
네 엄마여서 고맙구나!

사랑 활용법

개근상

이사 앨범 정리하다 튀어 나온
잊고 있던 개근상장

고향집 정리할 때
버리지 않길 잘 했다

천방지축 물장구치다
유리병조각에 발바닥 베여
철철 흘렸을 피에도
공부는 잘했다

막내딸 업어 2층 교실에
등교시킨 아버지 사랑에 불쑥 눈물이 나며
중학교 3년, 개근을 했구나!

일탈 즐기는 내 근기 속에
유년의 개근상이 숨어 지켜보고 있구나!

별아이 생일

제 생일에는 어떡하실 거예요 별아이가 묻는다
생일에는 어머니 챙기는 거란다
엄마가 널 낳았고 힘들었겠지 돌려서 말하고 나니
엄마 생일에는 누굴 챙겨요? 외할머니? 돌아가셨잖아요
살아계셨으면 좋을 텐데요 외할머니 보고 싶으세요?
온 동네에 제 생일 자랑에 바쁜 별아이
생일 다가오고 있다
지금을 사는 별아이
덕분에 지금 사는 엄마가
풋풋한 커리어 우먼으로 살던
오래 전 기억도 세월 앞에 누렇게 변해 있고
별아이 꼬마 스승도
생일에 생일을 더해 어른이 되어간다

사랑 활용법

가스라이팅

희망지움, 아이는 행복해했고 엄마 아빠도 행복했다
지난 3년간

다니던 회사 단칼에 잘라낼 때
가슴이 아프다고
걸쳐있던 검은 줄을 단호하게 끊었다

팀장, 그 소리에
가슴을 쓸어내던
일 하러간 아이 돌연 사표 쓰고 왔단다

세상 눈에 모질이 아이가
좋아하던 것을 단숨에 끊어낼 때

그랬을 것이다

달을 찍다

엄마 보름달이 웃고 있네요.
그래 네 가슴이 웃고 있구나
30배 50배 아~ 잡히네요
스마트폰으로 달을 잡을 수 있네요
너무 흔들려요
고정할 곳을 찾아보자
이 놀이터가 제가 어릴 때 놀던 곳인가요?
시소 타볼까 너는 저쪽 엄마는 이쪽
시소에 앉아서 달을 찍을 수 있네요
발을 고정하여 놓고 찍으니 덜 움직여요
ISO는 뭐예요? 찍혔어요 달이 찍혔어요

별아이랑 스마트 폰으로 달을 찍었다

어머니 생신이 보름이었다.

보름달이 환하다

사랑 활용법

태풍이 지나갈 때

바람이 포악스럽게
잣나무 가지 잡고 흔드는 날

구기동 지하방 책갈피 사이사이에
또닥거리며 빗물 스며든다

심상찮은 마이삭 태풍 멀리서 가고 있겠다
바람의 눈 고갱이는 경상도 어디쯤
어쩌면 내 고향의 벼이삭 훑어가며
황폐하게 지나가고 있을 것이다

아버지께서는 장마에 홍수 태풍에
당신 논이 갱분으로 변하는 것 보았다

경상남도 함양군 수동면 원평리 하원 강변의 돌덩이들

흙탕물이 삼킨 논 다시 개간할 때 어린 나도
강변에 가서 돌 골라낸 적 있었다

태풍이 지나는 동안 밤새도록 나는
잠들지 못하고 바람이 머리채 흔드는 소릴 들었다

물웅덩이

봄비가 세월의 주름살 위에
겨우내 파놓은 구멍에
거울하나 만들었다

아이는 한 발을 넣어보고
산책 나온 바둑이도 그제야 제 얼굴 만난다
깜짝 놀란 생글 강아지
예쁜 얼굴 있다고 예쁜 친구 있다고
뛰어 들어가나 발이 젖었네!
무서운 불도그 아저씨
무섭게 생긴 녀석이 있다고
컹컹컹
하늘이 빙그레 미소 짓는다

태양이 제 얼굴 담글 때
장난꾸러기 바람이
거울을 흔들어 보네

봄비가 하늘 위해
거울 만들었다

지수화풍 한데 어우러져 즐거운 지구별

사랑 활용법

봄 오는 소리

우수래요
엄마는 봄 오는 소리 들으려 계곡에 갔어요
백색소음 안내판이 붙은
북한산 계곡에
하얀 얼음이 덮여 있었대요
좔좔좔
엄마는 얼음 아래에서
봄을 꺼내 달라는 소리를 들었대요
마치 우리가
엄마 엄마 부르는 소리처럼 들렸대요
엄마는 핸드폰 동영상으로
좔좔 소리를 데리고 와서
우리에게 "봄 오는 소리……. 들리지"
라고 말했어요
풋풋한 봄의 소리가
휴대폰에서 튀어 나왔어요

경칩에는
개구리가 휴대폰에서 튀어 나올지도 몰라 기대되요

검은 등 뻐꾸기

소리들 날아다닌다
홀딱벗고 빡빡깎고 볼땋아줘

신원사에서 내려올 때 자신의 위치대로
들리는 소리가 다르다며 한참 웃었다

나는 어떻게 들리나 생각하다
뻑뻐꾹인가도 그러다가 청계산에서
어쩔시구 옹헤야 하며 좋아했던
생각까지 소리 속에 날아다녔다

탁란의 뻐꾸기도 숲속에서는
하나의 새 사랑이다

슬그머니 부모님 생각했다

사랑 활용법

멍

넘어졌다
아팠고 붉은 멍 들었다
푸른 멍으로 변하고
세포들 아픈 흔적 지우기 바빴다

멍하니 멍 바라보았다

상처는 딱정이 되었고
치유의 시간들 흘러간다
세월이 약이라는 말
그대로

아픔 간직하지 않는 세포들
홀홀 털어내고 재건해나간다
그냥 물 흘러가듯
과거를 꺼내지 않으니
멍들었던 사실조차도
없었던 일이기도 하다

환상의 세계는 계속된다

차이

생각과 행동의 차이
찰나에
괜히 몸만 상처 났다

섣부른 생각이 몸 생각 않고
제멋대로일 때가 있다

환갑 나이 즈음이면
둘이 같아질 때가 되지 않았나

그 나이 즈음이면
세상 보는 눈이

순해지고 그러지 않나

사랑 활용법

손가락에도 감사를

육십 년을 내내 움직인
내 손마디가
들릴락 말락한 소리로
'아파' 한다

순간의 틈새 없는 육십 년 날들에
그냥 존재하는 양
잔 가지들 감사 잊었다

무거워지는 생각과 마음들
뼛속에 자리 잡으러 들 때
명상으로 긁어내 듯 비워내니

몸에 손에 세포들에
손 비비며
계속 감사할 일들만 남았다

생각이 귀로 흘러 나와

베개에 귀 붙이고 누워 있으면
뇌 속의 생각들 귀로 나와 말 건다

밤새 머릿속 머물던 생각이
빠져나갈 구멍 찾고 있다가
그곳으로 흘러 나온다

흘린 생각들 잡아먹은 베개가
게으름 피우며
제 것이라 내버려 두라고 한다

흐르는 생각들 다 담은 베개는
점점 배가 불러가고

존재 하나 사라지지 않는
모두가 모두를 품고 있는
업의 바퀴 돌리는 윤회

사랑 활용법

웃음

내가 웃으니
거울 속 내가 웃고 있다

내 얼굴에는 웃음이 산다

그 웃음은 중독이 강해
옆 사람에게 잘 옮는다

웃음은 비밀이 없다

웃음 치료가
만병통치약이다

환하게 웃는 웃음
고마운 당신에게 보내는 작은 선물

제 3부

여행

여행은

분홍색 잠옷 챙겨서 여행 떠나보자
상상과 실제가 만나는 일은
변화의 씨앗 뿌리는 일

사소한 것에 감탄하고
낯선 거리에서 나를 만나며
꿈을 꾸는 것

나를 꺼내 세탁하고
바람에 햇빛에 말리며
바깥에 펼쳐두는 시간

그리고 삶을 고양시킬
작은 생각 하나 가지고 집에 오면 된다

사랑 활용법

홍도그리스도

붉은 십자가 사방에 세우듯

온몸에 태양 심어 붉어진 섬

온몸으로 들어야 겨우 들리는 파도소리인 듯

내 안에 오롯한 당신의 말씀

온갖 생각 물결치는 바다

한 생각 사랑만이 하늘에 닿아

내게 메아리쳐 오는 당신의 음성

쌍봉낙타

낙타가 등을 낮추어
온몸을 내어주며
등과 등 사이 계곡에 나를 앉히고
그제야 내 무게를 실어
제 온몸으로 버티고 일어난다

누군가에게 온몸을 내어준다는 것이
얼마나 아름다운 일인지

살아가며

나는 또 얼마나 많은
아름다운 사람을 만났는지

나는 또 누군가에게
아름다운 사람으로 남았는지

육봉의 계곡 사이
움찔움찔 봉우리가 움직인다

사랑 활용법

몽골에서의 일출

태양 맞이 가다가 풀침에 쏘였지
따끔거렸지만 무시했어
태양이 뜨고 있었거든

산등부터 붉게 채색하고 대지를 물들이며
풀꽃들 깨우고 있었지

꽃송이 위에 벌이 죽은 줄 알았는데
나중에야
꽃 위에서 꽃잠 자고 있었다는 것 알았어

따스한 입김으로
"이제 일어나요" 하고 태양이 깨우면
이슬방울 털고 기지개 켜는 벌들

대지도 일어나 하루를 시작하지

한을 태우다

시공 없는 세계 시간 뚫고 순간 이동으로 온 그녀
때마침 TV 사극을 보다 그녀 삶이 그랬을 것인데
버티지 못하고 가셨구나
다 태워 없애라 유언했지만
천재 누나 아는 동생 허균이
그녀, 세상에 남겨두어 살려두었구나
세상에 남아있는 글귀가 그녀 불러내어
구리 동상 세워두고
극을 만들어 말 하는구나
유인촌 김상중 나레이션, 박정자 선생님이
극 중의 난설헌으로 나오는
코로나 시대에 만들어서 아쉬웠던
옛 고택 무대의 퍼포먼스

이름을 가졌기에 비난 받았던 시절의 초희
여성을 꾹꾹 누르던 시절의 그녀
목소리 내기 위해 시를 쓰던
너무 일찍 태어나 재능 펼치지 못했던
시대의 아픔이었던
난설헌이라는 호를 가진 여인

청동 동상과 손잡은 인연으로
그녀의 한 햇볕에 태웠다

사랑 활용법

허난설헌, 강릉

난설헌 생가터에 시인들 줄지어 앉았다
초가에서 주르륵 시가 떨어지고 있다
섬돌에 닿은 빗방울이
툇마루에 앉아 있는 시인의 발끝 건드린다
그녀의 눈물이 빗방울로 흐르고
무수한 시어들로 떨어진다

이 여행에 비가 온 이유가 있었구나!

긴 시간 강릉에 얽힌 강의가 있는 동안
네모난 마당에 빗방울 길 생겼다
문 닫아야 퇴근 한다는 문지기의 독촉에
강의는 끝났고
우리를 따라붙은 그녀 눈물은
말갛게 씻은 가슴으로 환하게
그 밤에 사라졌다

웁살라 정원에서

삼각형 나무 피라미드 좌우대칭 정돈된 정원
갖가지 다알리아 꽃 피어 아름다웠던
그 정원에도 상강 왔을 게다
서리 꽃 피고 꽃들 사라지며
뿌리가 내년 기약하겠지

정원 가꾸기 좋아하는 내가
시간 짜내 홀로 걷다 사색의 길에서 만난
칼 폰 린네가 살았던 흰 기둥 집, 북적였을 그곳
덩그러니 그 자리 지키던 동상
오래 기다렸다 말하고 있는 듯했다

구근하나 씨 뿌리는 일 모두 손길의 섭리임을
떨리는 시선으로 그의 손길 찾아보았다

가을 빛 물드는 거대 정원
우거진 나무와 꽃들 향기 속

나뭇잎 하나가 숨 한번 쉬고
제비 돌기 하고 나니 연못이 일으키는 전율

오래 기억되었다

사랑 활용법

제주의 돌

그렇다
그것은 역사다
뜨거움으로 몸 만들었고
오롯이 역사를 다 보고 안고 산다
일제 때도 보았고
4.3 때도 보았다.
때론 몸으로 총탄 막았고
가슴으로 사랑 품었다
이제 그들이 밭이랑의 담으로
바람 맞으며 제주를 지키고 있다
태곳적부터 살아온 돌은
제주다
제주의 돌은 역사다

무유도 無有道

신의 신호를
세상에 그리는 강우현
그의 삶은 충분히 아름답다
별무늬가 새겨진 가슴이 그리는 상상의 세계
자신의 길 가는 시간이 기적 만드는 시간이다
생각이 덮이지 않은 상상이 곧 현실이 된 곳
황무지와 다름없었던 아무것도 없는 곳에서
세상으로 부터의 걸림돌 유유히 헤쳐 내고
도전과 열정의 시간으로 창조된
나만의 길

무유도
無에서 有 그리고 道

그가 걸어간 길
제주에 와서 무유도, 탐나라공화국 걸었다

없는 길이지만 나도
나만의 길 걸어가야겠다

각자의 인생길이 그러하듯…….

사랑 활용법

백담사 아기고양이

"털을 보면 알 수 있어 아직 새끼야"
"한 살 쯤 되었을 것 같아"
고양이 잘 아는 시인이 통조림 주니
새끼는 어미가 생긴 듯 한창 재롱이다
그녀 아이처럼 젖무덤 아래에서
뭇 사람들 손길에도 앙칼스럽게 발톱 내밀지 않는다

불쑥 옆 시인이 안아보기 청하여 안은 얼쯤한 모양새로
"아이도 한번 못 안았는데" 하며 안고 쓰다듬다가
"그리워서일 거야" 라며 눈물 흘렸고
우리는 여자의 일생에서 빠진 것들로 눈시울 젖었다
옆 시인이 "데려가서 엄마하면 좋겠네" 하니
입양하면 "내가 이것도 저것도 줄 수 있어" 하며
잠시 어미 하는 꿈꾸었다

폴짝 뛰는 개구리 쫓아가다
나무 위로 뛰어 올라 재롱 피우는
뽀송한 솜털의 자유 남겨두고 떠나며

먼 훗날 다시 만나면
세파에 닳아 내 손에 만져지지 않는다 해도
그날의 눈물 기억날 것 같다

보라섬

유달리 보라를 좋아하는 나는
미소의 선물, 감사의 선물
매일 한계 없는 선물로 축복받는데
보라 옷 입고 보라섬에 또 갔어

격하게 환영하는 바람에
떠밀려 걷다가 붕붕 날아다녔지

바람이 몰고 다니는 소문들, 이야기들도
바다에 살다가
소설 한 줄도 쓰지 않은 채
게으름을 부리고 있는 것에 토라진 것인지
세찬 바람으로 밀어내더군
섬 안으로 들어가지 못하고 겉돌다 온 것이
어쩌면 내 안의 나를 만나지 못하게 하는
거짓 나를 몰아내는 바람이라고 봐

겉에 보라를 색칠해 두었다고 다 보라는 아니지
빨강과 파랑의 중간
바람에도 중도의 그 공간을 찾아야 한단 걸
다시 보고 왔지!

사랑 활용법

죽서루

화려한 단청 누각
처마끝 곡선미와
그랭이질 위에 선
길고 짧은 붉은 기둥
국보의 관동제일루
죽서루가 빛난다

물길 위 뱃사공들 사라진지 오래건만
푸른 물빛 요동치던 세월이 지났구나
내동생 뼛가루 뿌린 오십천에 먹먹하다

죽실먹는 봉황찾아
대나무 심었으나
회화나무 열매에
새소리 오묘하고
바람이 불러 모아온
시인묵객 노래하네

비봉능선

족두리 봉우리는 우물 파서 물 가두고
비봉* 꼭대기 우뚝 선 비가 바라보는
중간 향로봉은 향 피우며
둘의 간극 메우는 모양새
물끄러미 관조하는 사모바위 네모 얼굴

족두리봉 우물에 발 적셔
향내 품어 안고 달려가
비석에 비벼대고
사모바위 얼굴에 뺨 대고 온 하루

하늘 가로질렀나보다
그들은 나보다 먼저
구기동 집 앞에 서 있었다

---

*북한산 비봉 국보3호의 진흥왕 순수비가 있다

사랑 활용법

스카이 워크

하늘 뚫어
산꼭대기에 사다리 놓았다
직선 사다리 대신 곡선 사다리 놓아
하늘 걷는 인간 행위 실천에 옮겼다

달팽이 꼬리로 뱅글뱅글 돌아가며 길 놓아
꼭대기의 하늘 땅 구분은 투명 유리다
유리에 구름 위 걸어가듯 하늘 걷다가
눈 아래로 내리면 산과 강 보인다

맡길 것 맡기고 하늘 걸어
한 발 한 발 걸어가면
만나지 못할 것도 없겠다

하늘이 내려올 때 구름이 날개인 냥
팔 벌려 입을 수도 있겠다
너를 안을 수도 있겠다

무지개 깃발

감각의 세계에 펄럭이는 오묘한 깃발
물방울에 태양빛이 칠한 무지갯빛
호수공원 분수대 깃발 펄럭인다

문득, 페루 쿠스코시 산 정상에 펄럭이던 무지개 깃발이
가슴에서 흔들댄다

멀리 흔들리는 분수의 물길이 만들어 낸
무지개 깃발
모든 깃발이 그러하듯
물방울 깃발도 바람 방향 따라 흔들린다

감각의 문 열고
내면의 평화 속 들어오라는
깃발, 펄럭인다
몸으로 느끼다 눈으로 보여주는
무지개 깃발
펄럭댄다

내 발걸음 깃발 쪽으로 향하고

사랑 활용법

변신

알알이 달린 씨앗
한 해를 준비하고
꽃이라 불리지
못하고 서글픈
풀이라 뽑히고 보니
거름자리 처박혔지

여귀랑 날풀들
화구에 꽂고 보니
다양한 모양새에
풀들이 꽃이 되고
부용꽃 가운데 꽂아
화룡점정 꽃꽂이

카프카 체코소설 변신 속 주인공
그레고르 잠자가 벌레로 변했다가
어느날 꽃으로 피어 변신했다 하겠다

입 무덤

소설이다
나뭇잎 하나 떨어질 때
뱅그르르 시 하나 떨어진다
잎이 떨어지기 기다렸다는 듯
남아있는 잎들도 나무 흔들어 떨어뜨리고
나뒹구르는 잎도 못되고 잡혀가
싹싹 포대에 쓸려 담겨
잎 무덤 쌓여간다
한 해가 남기고 간 무덤의 알들
즐비하게 나뒹군다
그리고 차원이동

내가 뱉은 말들은 어디에 떨어져
무덤 만들고 있을까

귀 무덤도 아니고 말 무덤도 아닌
입 무덤이 나온 것은 순전히 잎에서 생겨났다.
말의 무덤 생각하며
어딘가에 한 켜 한 켜 봉분 쌓고 있을
입 무덤이 그려졌다

말이 잠들고 있는 입 무덤
어딘가에 뾰족한 가시 박혀 있는 것은 없나
떨어진 시가 묻는다

사랑 활용법

맨발로 걷다

신발을 벗어 버리니
이음새 없는
무봉의 기적 일어났다

자연과 하나 됨은
신과의 합일
비로소 완전체 되었다

지구와 내가 한 몸이 되어
발에서 뿌리가 나오는지
따끔거리기도 했다

황토길 걸을 때
할 말 많은 역사 있다고 미끈대며
지구는 내 발바닥 잡고 늘어진다

지구 사연은 끝없는 이야기다

섬

너랑 나랑
생각 트고 지내는 친구 할까?
그게 될까?

섬처럼
조용히 살다가
간혹 틈 비집고 나올 때는
그냥 톡 하나 날리고

섬 하나 찾아왔다

섬에는
검은 안경 쓴 낯선 남자도 있었고
벌레가 갉아먹고 바닷물에 쓸린 나무토막도
수천 년 산호가 남긴 모양도
여러 흔적들이 많았다

우리는 서로의 섬으로
바다 위에 산다

사랑 활용법

맹방 해수욕장에서

새벽 씨스포빌 바닷가
어두컴컴한 하늘 오리온좌와 뭇별들 반짝일 때
신발 벗고 더듬더듬 모래밭 길 걸었다
입동 지나 닿은 차가운 모래에 놀라
파도에 발을 맡겼지
포근한 파도가 발을 간지럽히고
어둠 속에서도 파도 소리는 깨어 있었다

하늘 한 곳 붉은 기운 터지니
하늘빛 오묘하다
긴바지 올린 발목 위로 파도가 튀어 오르며
축축하게 젖는다
파도는 늘 그 자세로
오고 가고 가고 오고

밀려오는 물결이 나가는 물길에 부딪혀
그것들이 흰 물거품으로 모래 위에서 사그라진다
쉼 없이
끊임없이 부서지고 사그라지고
우리네 삶이 그러하듯

진하게 붉은 기운 사라지고
쑤욱. 해가
구름 사이에서 얼굴 내민다
자 우리도 해보자

색달바다 제주에서

용암의 불길 피부로 기억하는 돌 위
맨발이 된 내 발
뜨거운 불의 기운 가슴으로 끌어와 안는다

태초의 어머니 지구 모습으로
온전한 태아의 꿈틀거림으로
바다의 양수 호흡하는 나를 만난다

놀란 얼굴
찌그러진 얼굴
미소 띤 고요한 여인의 얼굴
내 안에 살고 있는 얼굴들 다 나와서
제 모습 보여주고 있다

내가 보지 못한 내 모습을
그리하여
가슴에서 가볍게 털어낼 수 있는

사랑 활용법

너의 목소리

깍깍 까악 까마귀가 떼 지어 노래하는 아침
향로봉 아래
낯선 나그네로 사는 흰 고양이 한 마리
지나던 등산객이 '야옹아' 불러본다

언어가 없었다면
어떤 소리가 있을까
오 신이여!
사람들은 서로를 뭐라고 불렀을까
당신 안에 녹아있는
가슴으로 통하는 새 언어
발견했다는 말이 생각났다

향로봉 떠돌던 구름이
까마귀 떼와 같이 사라졌다

잠자리가 소리 없이 난다
남아있는 쓰르라미 한 마리
마지막까지 목소리 내며 안간힘 쓰고 있다
가을도 날개 달고 날아오르는 모양이다
음악가처럼 풀벌레들
신을 사랑하는 노래 부른다

너의 목소리 어디에서 찾아야 할까

여행

바람이 손잡으면
바람과 노래하리

구름과 손잡고
비가 되리

태양과 하나 되어
빛이 되리

지구에 입 맞추듯
땅위를 걸어가리

텅 빈 듯 가득 찬 우주 에너지에
내 가슴 맡기리

사랑 활용법

제 4부

하얀 불

하얀 불

벚꽃은 온 몸으로 피어 하얀 불로 타 오른다
지상에서의 한 때 세상에 하얗게 꽃불 피웠다

산불로 조마조마한 세상이
불이라는 소리에 화들짝 놀란다

불꽃이 일지 않았다면 지상에 꽃 피우지 않았다면
존재를 몰랐을 터
곧 사그라질지라도 온 몸으로 피길 잘한 일이다
그래 잘한 일이다
하얀 불 컨 태양이 세상을 태우고
햇볕에 타는 하얀 꽃불이 환호성으로 빛나고 있다
아슬아슬하게 황홀하게 매달고 있던 것 손 놓아
하얗게 눈 더미처럼 비늘처럼
떨어져 내릴 때 이미 나 이기를 놓았다
바람이 데려가는 곳 어디라도
멀리 하늘가 가다가 어딘지 모를 구석으로 몰아
흔적 없는 꽃불이더라도
그것은 자유, 하얀 불 꽃불의 자유다

사랑 활용법

꿈틀 춤

떨리는 생명이 땅속에서 움찔
언 땅 아래에서 수선화 뿌리가
꿈틀꿈틀 꿈틀춤 춘다

꿈틀꿈틀 꿈꾸며 초록잎 피우고
하얀색 노란색 꽃 피운다
꿈틀거리며 봄 피우고 꽃 피운다

꿈틀꿈틀 자유롭게 봄 부르고
생명 깨우는 춤

명상하듯 꼼짝하지 않고 버티다
세상에 나오려고 움직이는 춤

꿈틀~

자연은 힘을 주지 않는다

애쓰지 마라 힘을 빼는 것이 사랑이다
너무 애쓰지 마라 다 사랑이다
살아있는 모든 것이 사랑이다
태양이 눈부시게 말을 걸어오면 그냥 바라보자
그 빛에서 나오는 사랑을
손잡고 걸어보자
심장이 뜨거워지지 않는가!
자연과 뒹굴어보자
부드러운 양탄자 같지 않은가!
그래 그렇다 자연은 힘을 주지 않는다
그냥 다 사랑이다

사랑 활용법

대나무

얼마나 더 비워야
똑바로 그대 앞에 설 수 있을까

대관절 얼마나

얼마나

내가 없어지고 나서야
마디가 생기고
하늘을 만질 수 있게 되었다

가벼워지니 자유가 찾아오고
바람과도 춤출 수 있게 되었다

춤을 추니 저절로 노래가 나오는구나
노래 소리에 그대가 내 앞에 서 있구나

사랑아

붓꽃

당신 말씀 적는
착한 붓

바람 흐름대로
파란 하늘에 쓰는 시

붓 잡은 바람
시심이 일어
흔들 흔들 왔다 갔다

태양과 눈 마주치면 환하게 벙글어
시야 쓰든 말든
붓대 늘어진다

시 쓰다
당신 소식에 펜 놓는
나와 다를 바 없다

붓이 헝크러질때야 비로소
환 한 시간 꽃의 절정

사랑 활용법

자미성의 해바라기

아폴론 바라보다
그만
눈이 멀어진 꽃

당신만 바라보는
바라기
해바라기

커다란
태양의 알이
이 세상에 내려왔다

여름 미는 소리

들리니?
여름 밀어내는 소리

아파트 촌 매미 소리에 여름이
점 점 점 밀려간다

맴맴 짝 찾아 외치는 소리에
꼬리무는 돌림 합창 소리에
악을 쓰며 우는 아이 같은 소리에
끈질기게 여름의 끈 잡고 밀고 당기는 소리에

슬그머니 내빼는 여름

사랑 활용법

핑계 대기 좋은 날

요즘같은 날에는
매미는 온 몸으로 운다
가슴에 접혀있는 주름이 들썩들썩
울음 마디 마다 온 몸 들썩인다
누가 매미더러 시끄럽다고 했나

자연은 대단히 엄격한 스승
용기 없는 지식은 열매 맺지 못한다
눈치 보지 않고
핑계 대지 않고
매미는 온 몸으로 운다

너는 온몸으로 울어본 적 있나 묻고 싶다

담쟁이

땅으로 기어야할 운명으로 알고 웅크리고 있다가
하늘에 집 짓는다고
가능하지 않을 것 같은 꿈 꾸다가

깨달음으로 올라가는 밧줄로
고사목에 터 잡고
하늘로 하늘로

더 이상 상처 받지 않는 자유로
가끔 새들 머무는 하늘가에 집 한 채 지었다

지나던 바람이 말을 건다
자유란 거런거라고
도전하는 삶이 아름다운 거라고

사랑 활용법

까마중

다정한 손에 다행히 뽑히지 않고
고추밭에 당당하다가
너무 당당하여
집단 이송시킬 때
8 15 즈음 방문한
연해주 이주 동포 생각나
손이 주춤했다

뒷마당에 풀 뽑고 터 잡아 심어두었다
뭉쳐서 힘센 풀 되더니
장마에는 숲이 되었다가
조롱조롱 까만 열매달고 어깨 으쓱인다
토마토같이 제대로 된 밭으로 가자고 할 태세다

인터넷에서 신장에 좋다고
효소 담아 샐러드에 넣으면 좋다고 부추긴다
콩알만 한 것을 야금야금 먹는 손이
다정한지 한번 힐끗 본다

가을 들판

가을 들판으로
'님의 침묵' 주머니에 넣고 떠난 열차 여행
기찻길로 다가왔다 멀어져가는 풍경들
열차는 풍경들 헤치고 달린다

풍경처럼 다 지나간다
걱정 미리 끌어들이지 않고 그냥 부딪치리라
곳곳에 기차가 닿아 풍경 만들고 멀어지듯
그 상황 부딪쳐 맞이하리라
버겁다고 느낀 것들
하나 둘씩 이미 여럿 지나갔다
시간에 밀려 어쩔 수 없이 열차처럼 지나갔다
황금 들판이 가슴 열고
다 보고 있었다

사랑 활용법

자작나무 노래

흰 뼈대 세워두고 사시장철 입었다 벗었다 하오
바람과 구름이 벗들이오
비와 태양이 부모들 같소
내가 노래할 때 자작 자작내는 소리 들은 시인 있었소
쑥쑥자라 내가 30cm정도 자란것을 눈치채기에
그녀가 너무 땅에 가깝게 서 있소
그래도 그녀는 알아채고
내 얼굴 그려놓은 곳에서
같이 사진도 찍었소
내가 미리 이파리 내려 놓은 뜻을
그녀는 알았다고 하오
그녀가 지고 온 짐 부려놓고 가는 길에
바람 친구 불러
동무하라 보냈소
그녀 삶의 무게가 가벼워진 것인지
바람친구 때문인지
발걸음이 날아가는 듯 했소

나는 자작 자작 노래 불러줬소

우리 동네 느티나무

수동면 원평리의 420년이 더 된 느티나무의
50년도 더 지난 이야기야

그 안에 어린아이 머리만한 돌이 5개 들어 있다는 것을 아는 이는
많지 않게 되었지

누군가 나무에 구멍 내어 우리는 올라가
사방으로 뻗은 가지 타고 내려오기도 하며 놀았지
코주부라고 놀리던 아이가 따라와 숨었던 곳도 늙은 느티나무였지
느티나무 할아버지 안에 숨었는데 결국 돌팔매에 맞아 이마가 깨졌어
피 흘리던 기억 흉터까지 남아
가르마 거꾸로 타고 다녔지
나무 옆구리 구멍에 누가 돌을 끼웠어
한 해 두 해 지나면서 나무가 돌을 먹기 시작했지
10년 20년 지나면서
돌 먹은 흔적 없이 몸 안에 박힌 돌은 나이테 되지 못하고
뼈대같이 무게로 남아 나무는 서걱거리겠지
이제는 아무도 모르는 비밀로
느티나무만 아는 사리가 되어 있어

사랑 활용법

겨우살이

남의 몸에 얹혀살아도
꽃 피울 수 있어 다행이다
푸른 하늘 향해 내 안의 사랑
붉은 알 수줍게 꺼내 놓았다

붉은 보석들 하나 둘 피어나
불꽃 되었다
일제히 모두의 가슴 열리니
하늘이 감동한다

푸른 하늘에 폭죽 터지고
한라산이 환하다

대낮에 터진 폭죽

서리 꽃

붉은 맨드라미 꽃 위 올라
칼 달린 연장 들고
밤 사이 춤추며 피운 꽃

시리고 화사한 꽃은
햇살 윙크에
소리 흔적 없이 사라진다

한 칼에 끊어낼 수 있는
난무하는 세상 꽃으로 정리하는
하얗고 시린 꽃

맨드라미 붉은 열정
풀이 죽었다

사랑 활용법

가슴에다 숲길 들여 놓았다

어느 가을날
숲길 걷기 명상하다
맨발이 마른 낙엽 하나 밟았다
바스락
소리가 경쾌하다
소리가 날아다닌다

바스락
가을 산에 내가 소리를 날게 했다
박새 직박구리의 음계에
낙엽 소리가 화음 넣어
북한산에 울려 퍼진다
바스락 소리 하나가
가슴에다 시원한 통로 뚫었다

어느 가을날
가슴에다 숲길 들여 놓았다

걷기 명상

침묵 속에 살고 있는 지혜와 빛
잠자는 의식에 물 주고 거름 주는 일로
처음 문 연 수목원 새 길 걸었다
맨발로 푹신푹신한 땅에게 말 걸고 나니
발바닥이 입술 시커멓게 변한 아이 같았다

어떤 것으로부터도 영향 받지 않는 평화의 상태
맛보지 않은 세계 알지 못하는 곳 걷는다

살아있는 존재들 생명 에너지와 가슴으로 연결되고
호흡은 근원 에너지 통로와 연결된다
배꼽은 뿌리 가슴은 줄기 꽃은 머리

여백의 공간 초록 깔린다
귀룽나무 초록잎 진달래 개나리 살구꽃 화사하다
무채색의 공간에 점점 색이 칠해지고
수채화 그림 속 내가 걷고 있다

사랑 활용법

숲이 걷고 있다

내가 숲이고 비가 되리라는
바램으로 시도 했으나
시시한 비 된 적 있다
폭우 소식이 재난 문자로 날아들어
귀찮음과 두려움 털어내고
다시 가벼운 걸음으로 나섰다

북한산 둘레길 팻말 아래에서
맨발로 걸어 다니는 나무 되어 걸었다
낮은 곳으로 흐르는, 물 가는 길의 법
法 자를 생각했다
오르막 일수록 발등까지 젖는 물살이 가파르다
나뭇잎에 떨어지는 빗소리가
대화로, 웅장한 하늘 말씀으로 들린다

비의 말 숲의 말이 차갑게
몸 속 그대로 스며든다
다른 해석이 필요치 않은
내가 숲이 되었다

잠시 빌려 쓰는 인생

마당에 심은 꽃들
제 빛깔로 꽃 피운다
섬진강 매화 마을에서 데려다 키운 매화 묘목이
반 됫박 매실 꺼내놓는다
오월에는 환하게 모란이 필 것이다
전셋집 마당에 왜 그리 열 올리냐는 핀잔에도
아랑곳 않고
내가 사는 곳이 내 집이라 하며 심었다

내 것이라는 것들 다 두고 가는 게
어디 이사뿐이겠는가

어느 해 훌쩍 내 몸도
이 삶 그렇게 떠나겠지

사랑 활용법

신들이 열어놓은 옹달샘 음악회

고요가 문 두드려 얼른 일어나 창문 열었다

형언할 수 없는 새 소리
각자의 음색으로 노래하는 지저귐
깊은 산속 옹달샘 음악회가 열려 있었다

저 소리 받아 적는 음악가가 있다면
시인이 있다면
그들 음악에 취한 내 귀는 황홀하다
지저귀는 새소리 듣다가
판단이 제 기준 들이댄다
목마른 영혼이 벌써 종달새 음색
부러워하는 것은 아닌지
귀 열린 사람만 누릴 수 있는
지상에서 듣는 천상의 화음
새벽마다 울리는 신들의 음악회

종달새 노래 곱다고 따라 부르지 않으리
내 빛으로 내 목소리로 이 삶 노래하리
각자의 음색으로 노래하는 하모니
숲이 깨우는 소리 우주의 울림

자연 치유력

돌담집 풀 메다가
쐐기인지 무서울 벌레에 물렸어요
다리가 복숭아처럼 붉게
열을 내어 싸우고 있었어요
물린 자리가 딱딱하고 통통해져서
딱딱이 복숭아 같았죠
잠든 사이에도 내 손이 다가가지 못하게
두터운 반창고 붙이고 모른 채 두었어요
그리고 딱딱이 복숭아를 맛있게 먹었죠
며칠 지나니 다리가 우쭐하며
저절로 다 나았어요! 했다

사랑 활용법

너의 목소리

깍깍 까악 까마귀가 떼 지어 노래하는 아침
향로봉 아래
낯선 나그네로 사는 흰 고양이 한 마리
지나던 등산객이 '야옹아' 불러본다

언어가 없었다면
어떤 소리가 있을까
오 신이여!
사람들은 서로를 뭐라고 불렀을까
당신 안에 녹아있는
가슴으로 통하는 새 언어
발견했다는 말이 생각났다

향로봉 떠돌던 구름이
까마귀 떼와 같이 사라졌다

잠자리가 소리 없이 난다
남아있는 쓰르라미 한 마리
마지막까지 목소리 내며 안간힘 쓰고 있다
가을도 날개 달고 날아오르는 모양이다
음악가처럼 풀벌레들
신을 사랑하는 노래 부른다

너의 목소리 어디에서 찾아야 할까

제 5부

시詩를 심는 일

시詩를 심는 일

꽃씨 심다가
씨들이 하는 말 들었다

말에도 씨가 있대, 말씨
글에도 씨가 있고, 글씨

무유도를 걷는 이
별씨 품고 별 세상 만들고 있다

나도 태양속의 빛알을 꺼내며
알을 심고 있다

구깃구깃 접혀진 시간 펴서
펼쳐놓으면
다른 세상의 이야기가 생겨나고
시를 쓰는 일도 씨를 심는 일이래

사랑 활용법

글은 광선이다

제대로 쓸 수만 있다면
어휘가 심장까지도 들어간다는 힘을 믿고
마음 뚫고 들어갈 수 있는 열쇠 깎고 있었습니다

내면에서 밖으로 나올 기회를 찾는
기운 하나 끌어내는 데는
태양 알갱이만한 것이 없다는 처방전 들고
무작정 태양만 찾고 있었습니다

글을 쓰겠다는 마음으로 약속하고도
결국 그것에 휘둘려
시간 흘려 보내고 제대로 못 쓰고 말았습니다

광선을 붙잡는 심정으로
다시 글 줄을 잡아봅니다

날뛰는 마음 잠재우고
잠들어 있는 가슴 에너지 깨워
변화의 물결 느끼고
내면의 나와 하나로 공명하기를 기도합니다

2024 노벨 문학상, 뚫었다

덜썩 떨썩 온통 뜨겁다
그녀의 노벨문학상 소식에
덩실 덩실 춤이라도 추고 싶다

지난해 세계한글작가대회에서 그녀를 만났다
그리고 올해 그녀의 소설
『작별하지 않는다』를 '서로다독' 독서토론에서 발표했다

오롯이 소설을 향해 점을 찍고
나아가 뚫었다
노벨문학상, 그 열리지 않던 희망을

감사하다 한강
오늘밤은 한강물이 일제히 일어나
춤을 추며 노래할 것이다

「노벨상」 시 썼다
그곳에 우리나라도 받았으면 좋겠다고 소망했다

소망하나 이루었다

사랑 활용법

작가

생각 굴리면
눈덩이처럼 자라나 이야기 되고

또 굴리고 굴리면
작아지고 가늘어져
뼈만 남아
시가 되고

생각의 씨앗 자라
허구의 집 짓는다

환상의 집에 사람들 들어오면
아이들이 생기고
이야기가 자라고

그가 만든 세상

그대 가신 날

4월 보름날
꽃 양귀비 붉은 꽃잎이 심장의 피 같소
세상에 대한 당신 사랑이 그 색이었을 것이오
수레국화는 보랏빛 내 머릿칼 같소
갈대랑 농무랑 여러 시들이 하루 종일 가상 공간 떠돌았소

어느해 나는 시인이 나고 자란 집 언저리를 돌았죠
집 앞 느티나무 앞에서 시인에 대한 이야기 있는 문학기행이었소
목계장터 시 한 수 읊는 시간도 좋았소

다 털고 가는 걸음
오늘 시인의 걸음이 새털 같지 않을까 싶소
나도 달빛 아래에서 그 걸음 걷소
당신 가신 길 옆 우주공간
그 옆 공간 스쳐 지나듯
달빛 벗 삼아 걸어보오

한 세상 「가난한 사랑 노래」*부르다 가신 님
가슴 속 다 꺼내
시의 이름으로 씨뿌렸겠죠
초파일 지난 보름 참 좋은 날이오
많은 이들이 그러하듯
온갖 꽃들도 당신을 기리오

사랑 활용법

아름다운 날 멀리 가신 님께
그냥 고맙다는 그런 인사같은
시 한 수 지어 올리오
같은 시공간에 살았음을

---

*「가난한 사랑 노래」: 신경님 시인의 시

마음의 무게

그것이 그렇게 무거울 줄 몰랐다

누군가에게
그렇게 한 줄도 모르고
상처가 된 줄도 모르고

그리고 그 대가로 받은
마음의 무게
은하의 무게로 다가왔다

108계단 올랐다
한 계단 마다
마음 하나씩 내려 놓으며 걸었다

승가사 108계단 꼭대기의
마애여래좌상불이 빙그레 웃는다

사랑 활용법

눈물과 웃음은 친구예요

눈물은 그냥 나오는 게 아니예요
속을 깨끗이 씻고 나와요

웃음은 가벼워요
바람같이 가벼운 웃음이
눈물을 말려요
그리고 둘이 친구로 손 잡아요

사랑의 깊이 만큼 많이 웃어요
친구끼리 크게 웃어요

말 칼

말에 칼 달려 있다

뭐든 단칼에 끊어낼 수 있는
부드러운 혀가 날카롭게 변할 때 칼이다
뱀의 혓바닥처럼 날름거린다

날카로운 연장이
내 몸의 일부로
입속에 단정하게 덮혀있다

말 칼에 찔리면
가슴에는 보이지 않는 흰 피 흐른다
회복이 쉽지 않다

함부로 휘두르지 마라

사랑 활용법

내가 당신의 자랑이었으면 좋겠습니다

지하철 내려가다
건너편이 죽 밀려있다 머뭇머뭇 멈칫멈칫
에스컬레이터 내려가는 길에서 우두커니 선
한 사람
친구가 먼저 내려가며 하는 말
"그럴 때도 있어"
그래 그럴 때도 있어 그거면 충분하다
해와 달이 그렇게 존재하 듯

연락 없는 친했던 친구 생각났다

내가 당신의 자랑이었으면 좋겠습니다

신 오감도

식당에 13명의 손님이 있소
제1 손님이 누가 카메라로 찍을지 모른다 그리오
제2 손님이 누가 카메라로 찍을지 모른다 그리오
제3 손님이 누가 카메라로 찍을지 모른다 그리오
제4 손님이 누가 카메라로 찍을지 모른다 그리오
제5 손님이 누가 카메라로 찍을지 모른다 그리오
제6 손님이 누가 카메라로 찍을지 모른다 그리오
제7 손님이 누가 카메라로 찍을지 모른다 그리오
제8 손님이 누가 카메라로 찍을지 모른다 그리오
제9 손님이 누가 카메라로 찍을지 모른다 그리오
제10 손님이 누가 카메라로 찍을지 모른다 그리오
제11 손님이 누가 카메라로 찍을지 모른다 그리오
제12 손님이 누가 카메라로 찍을지 모른다 그리오
제13 손님이 누가 카메라로 찍을지 모른다 그리오

남해의 유명 물횟집에서도 그랬소
앞에 들어간 지인 4명도 모른 척 해야 했소
나갈 수 없게 한 것은 물회 맛인데
정책적인 것들은 물어보지 않는 것이 차라리 나았소

누가 신고할지 모른다고
식당에서 쫓겨난 적도 있었소
누가 적인지 모르는 시선이 빼곡하오

사랑 활용법

마스크

환한 내 미소
마스크가 있어도 없어도
내 안에 살고 있는 환한 미소

내 웃음 삼킨
거리에 웃음 모조리 삼킨 그는 무표정
웃음 삼키고 울음 삼킨
흰색 검정색

몸이 뱉어 낸 이산화탄소 다시 마시며
자랑거리 되는 듯
제일 먼저 나서는
얼굴의 반 잡아먹고도 뻔뻔하다

내 안에는 나의 무늬가 그려져
그 미소 어디로 달아나지 않는 다는 거
내 안의 환한 미소가 우주에서
끊임없이 강물로 흘러
아무리 가두려 해도 소용없다는 거
가면극도 녹아 사라질 날 멀지 않았다는 거
너는 알겠지

길들여진 사람들

바이러스라는 가면 쓴
입 속에 사는 두려움
숲 속 혼자 걸으며 마스크 쓰고
길가에 혼자서 마스크 쓰고

법이 그랬다
법에 예외가 없으니 지켜야한다고 배웠다
자꾸 법을 만든다
물이 가는 길이 법인데
물가는 길 아닌 거꾸로 가는 길이라도
법이라고 하면 지키는
길들여진 사람들
도덕경 57장에
세상 금기가 많을수록
백성들은 점점 등을 돌리고...
대목 눈에 들어온다
길들여지는 것은 세상에 지는 것
야생의 성품으로 숨 쉬자

일탈 감행하자

사랑 활용법

무위 無爲

아무것도 하지 않는 즐거움 누렸다
바람이 건들어도 고맙다고만 건들
새들이 노래해도 고맙다고만 했다
풀들이 덮어도 고맙다고만 했다
밥을 주어도 고맙다고만 했다
밥을 주지 않아도 고맙다고만 했다
아무것도 하지 않는 즐거움이 있는 곳에서
아무 걱정도 없었다
무작정 4번이라 부르는 산을 올랐다
아무렇게나 살아 자라나는 풀들 고마웠다
매미가 벗어놓은 옷자락 사이로 바람이 드나들고
굵은 모래 아무것도 없는 땅에서
뻗어 나온 줄기에서
쌀알만한 꽃이 수줍게 달려 있다
아무것도 하지 않았다고 생각할 때
태양과 비와 바람이 고마웠다

쉼 (休)

무시무시한 힘의 작은
보이지 않는 두려움의 존재
코로나 19의 시대는
잠시 쉬는 시간

쉬고 가라는 경고 무시하고
달려가는 당신 위해
지구가 강제로 쉬게 한 조치

이제 우리
가끔 스스로
쉬면서 가자

반짝이는 작은 존재
빛, 가슴으로 느끼며
지구도 포옹하며

사랑 활용법

후원자

조류도 아닌 내가
알 낳겠다고
그것도 『태양의 알』 낳겠다고
허세 부렸다

가슴에 새겨진
상처의 흉터가
훈장처럼 여겨질 때

"빛의 후원 101
이 삶을 한 발 한 발 걸어가며 흔적처럼 만났던 당신입니다.
태양의 알을 꺼내는 작업에 빛의 후원자로 함께해 주셔서 감사합니다."의
한 사람 한 사람 그립니다

고맙다 말하지 않아도 고마운
당신들 태양이여!

메타버스

가상의 세계 만들어 사는 별아이

기존의 세상 속에서 그만의 방식으로
근원의 내면 찾아가는
내면 깊은 무의식 세계 끌어내어
그 속의 우주도 높고 깊이 만들어 간다

붙잡을 수 없는 시간 빛나게 만들어 주는
끝 없는 상상과 꿈의 세계
사랑과 희망의 색으로 칠하는
마법의 시간

모질이 지구의 삶
캔버스 세상 위 날아다니며
신비로운 색채로 그림 그리고
상상 이미지의 음색 잡아서 표현하는 창조
거친 삶을 환상적인 이미지로 만드는 환타지 세상

지구 너머 은하

그려 본다

사랑 활용법

한글 예찬

세상 이치 들어 있는 우주 언어

무의식 속에 존재했던
삶의 원리 들어 있고
소리와 잘 어울리는 언어
깨달음의 이치 숨어 있는 글

마음에 공명하는 파동 붙잡아 만든
언어의 탑
이치의 수레바퀴, 법륜의 형상 운동으로
자음에서 비롯된 중심에서
운동하고자 하는 방향 틀이 글자에 있다
목은 안으로 금은 밖으로 화는 위로 수는 아래로 토는 가운데
소리 파동 속 오행 사는
말 속에 숨겨진 소리 적는 한글
우리 별에 준 선물

모든 것 내포한
하나의 민족으로 통일하는
한글은 축복, 한글은 사랑

만파식적 문무대왕릉

대왕이시어! 땅의 덕은 하늘로 하늘의 빛은 땅으로
대왕이 평안할 수 있게 각자가 깨어나야 할 터
자주색 대금에서 시작된 창조의 물결
경주에서 온 대금 하나 만파식적인 냥
기의 조화 속 심장이 고요하다

김춘추와 김유신 여동생 사이에서 태어난
신라 30대 삼국통일을 이루신 문무왕
동해가에 감은사 지어 천신께 감사를
신문왕은 아버지 위해 절 완공했다

죽어서도 동해바다 신라 땅 지키는 해룡 되어
선물로 만파식적 신문왕께 보낸다
나라에 근심이 생길 때 불면 평온해지는 만파식적
문무대왕암 해중릉 석실 속 정해진 운명의 시간표처럼
원효결서 해동금묘장 예언도 신비롭다

해동청구배달민족의 민족수호신령으로
이 나라 지키는 대왕님
죽어서도 이 땅을 살피시며
잠들지 않고 깨어 있음이다

사랑 활용법

통일 한국

우리 참 잘 견뎠다

질주로 달려온 날들
다른 것으로 채울 수 없는 한계에 다다랐다
고운 결 살아있는 이름들
고려 코리아 보듬으면 포근하다
개성인삼 개성상권 미래의 자유경제무역부지다
금 그어 놓고 눈치 보던 경계 쉴 만큼 쉬었다.
이제 지우개로 지워야 될 때다
사랑으로 품어 안아 빗장 열고 곳간 열어 나누어가자

빨갱이 해결하는 것이 불갱이였다는
전설 같은 이야기 있었다
빨강과 파랑이 만나 자주색으로 융합되어진 통일한국

뒤척이며 막고 있는 계산된 생각들 아래
혈관 타고 오는 우리라는 하나
뜨거운 가슴으로 축복하며
통일 한국 노래하자
여명의 빛 깨어나 평화로운 통일 한국 비추어라

한탄강 나비

나비야~

남과 북 뛰어넘어 나풀나풀 날아올라라
무거운 날개 벗고
가볍게 자유로 날아라!

봄이면 얼음 녹아 물 흘러가듯
이념의 체제도 녹아
우화의 강*으로 흘러라

번데기 뚫고 나와 우화의 날갯짓으로 자유롭게 날아라
남과 북 우리 그렇게 물길이 되어 흘러라
너 나 없이 하나의 물길로 흘러가자

나비야
나풀나풀 자유로 날아오르자

마종기 시인의 *우화의 강

사랑 활용법

지구 과제

북풍의 두터운 외투 벗게
남풍의 따뜻한 입김 보내자
자유롭게 깨어날 통일 한국 축복하자

한국의 통일 지구 과제다
간섭 없이 한 발자국 물러나 우리 응원해다오
그들과 동등한 눈으로 바라보자
통일될 한국 위해 노래하자

자유롭게 속박에서 해방되어
같은 사람들 우리 동포들 형제자매들
포용하고 포옹하며 피안의 기슭에 오르자

장벽 없이 하나 됨으로 완전한 평화통일이여
의식의 분리 없이 장벽 없이
남북 가르는 무장 없이 녹여 비무장
간섭 없이 잠재력 펼칠 수 있는 날개 달아
하나의 국민 통합된 국민으로 하나 되게 하자

통일이여 오라

희망 풍선

우리 서로 오갈 수 있구나!
바람을 타고서라도

쓰레기 풍선 안전문자가 몇 번 왔나
세어 보았습니다

"희망 풍선이 날아왔습니다"
그런 문자면 더 좋을 것 같습니다

카파도키아 하늘에 나는 애드벌룬처럼
예쁜 풍선이 날아오기를 기다리고

위문편지 쓰듯 통일에 대한
희망편지를 담아서 날려 보내면 좋겠습니다

새들만 다닐 수 있는
길이 아니었습니다
소망을 가볍게 더욱 가볍게 적어서
바람에 날려 보내요

웃음같이…. 가벼운 것들이
세상을 바꿀 수도 있어요

사랑 활용법

태양의 눈 속으로 들어가 태양의 마음을 훔쳤습니다

여서완 사진시집
YEO SWAN'S PHOTO POEMS
EGGS OF THE SUN

태양의 알

이 사진시집은 태양을 찍으려다 카메라 렌즈가 눈이 멀며 찍은 태양이 주제입니다. 태양이 낳은 알이 빛으로 세상에 뿌려지는 현상을 잡기 위해 어느 날 태양을 향해 렌즈를 돌렸습니다. 렌즈가 눈이 멀며 찍은 사진을 우리 눈이 인지하는 색으로 재현하여 오로라와 같이 보이게 하려고 컴퓨터와 모의하였습니다.
마음 안의 생각을 잡아내어 보여주면 시가 되고 예술이 되듯, 세상에 존재하는 빛을 예술로 승화시킨, 내면에 존재하는 본질을 우리 눈에 보이는 색으로 꺼내 놓았습니다. (서문 중에서)

- 세상에 처음 보는 책이군요. 아름다운 시의 세계와 신비로운 빛의 조화가 하나로 손잡고 펼치는, 꿈나라로 가는 초대장입니다. —김종상(아동문학가)
- 여서완 시인이 사진과 함께 꾸민 이 시집에서는 '빛 속의 알'을 찾는 여로를 읽습니다. 감각이 포착하는 껍질 속에 숨겨진 진수를 찾고 무채색이 품은 아름다운 무지개를 불러낸 작업이라고 보았습니다. —허영자(시인)
- 충격적인 아름다움을 보라. 빛의 눈으로 빛을 바라보는 초월을 경험하게 하는 —신달자(시인)
- 사람이 맨눈으로는 태양을 볼 수 없지만 카메라 렌즈를 통해선 볼 수 있다. 기묘한 색의 축제, 그 색채를 언어로 그려 내고 사진으로 재현한다. 사진에 넋을 잃고 시를 읽고 정신을 번쩍 차릴 것이다. —이승하(시인)

여서완 (여현순)
시인, 소설가, 사진작가, 여행작가
한국문협, 국제펜한국본부, 한국사진작가협회 회원
시집 〈영혼의 속살〉 〈하늘 두레박〉 〈사랑이 되라〉 〈작은 갤러리 풍경〉
전 화: 010-5238-4001
이메일: yeolucent@hanmail.net

후기

『사랑 활용법』, 사랑과 가슴에 대한 시집이다. 이것저것 시간에 밀려 늦장 부리는 사이 집들도 없이 시들이 늙어갔다. 미안하기도 하여 그동안 잡지에 발표했던 것들과 함께 모아서 주섬주섬 집을 지어 주게 되었다. 어쩔 수 없는 것들 이미 죽어버린 것들은 할 수 없는 일이다. 갑진년 올해가 환갑이다. 1964년 12월 1일생 주민등록상의 환갑일에 맞추어 시의 집을 짓는다. 청룡의 파동 생각하며, 내 존재가 원하는 일일 것이라고 변명같이 주절거린다. 의미를 붙이면 의미 있는 일일 것이라고, 나를 세상에 내어 놓으신 부모님은 이 세상에 계시지 않지만 그 어디에서도 좋아하시지 싶다.

시가 아니라 도돌이표 없는 마음의 자기완성을 향해 간다. 어제와 닮은 오늘이나 다른 오늘이다. 지금만 있을 뿐 모든 것이 다시 되풀이 되지 않는다. 속으로 차오르는 말이 넘쳐날 때 뚜벅뚜벅 걸어나오는 시, 모두 108편을 상재한다. 「희망풍선」, 「해를 건지러」 등이 가장 최근작에 속하고 오래된 것들이 많다. 글들은 이미 변해버린 상황과의 기간과 내통하고 있는 셈이 된다.

먼저 말을 걸어 온 것은 그였다. 다만 그가 거는 말을 알아채지 못하고 불평만 했다. 태양빛을 쪼면 내 몸은 특히 목이 가렵고 붉게 변했다. 나는 태양을 피해 다녔고 전쟁을 치르듯 내 목은 항상 자라목깃으로 감겨져 있었다. 그렇게 나의 30대는 그를 피해 다녔다.

매일 해가 뜨고 그가 존재했지만 나는 그의 존재를 귀찮게만 여긴 듯 피해 다녔다. 그러다가 나는 마음공부를 해야 했고 그런 현상들이 사라졌다. 공부가 깊어질수록 그가 좋아지고 내 몸은 그와 사랑에 빠져 있다. 태양을 바라보면 수줍은 듯 재채기를 해댄다. 태양을 공부하며 양자역학을 접하게 되었고 빛과 파동에 대해 알아가며 환희한다. 그것들이 사랑이라는 것을 세상을 움직이는 것들이 사랑이라는 것을, 조금씩 알게 되었다, 그 작은 깨달음으로 『사랑 활용법』이라 이름 붙이고 세상에 꺼내놓는다. 여러모로 도와주신 김창완 선생님, 허형만 교수님께 감사를 드린다.

2024. 12. 1. 갑진년
주민등록상의 여현순 환갑일에

여서완 절

사랑 활용법

펴낸날	2024년 12월 1일
지은이	여서완
펴낸이	여현순
펴낸곳	조인컴
디자인	현재영
표지 글씨	연재 정도영
인쇄	새한문화사
출판등록	2012년 5월 23일 (제300-2012-104호)
주소	경기도 고양시 일산동구 일산로 206, 307- 205
전화	010-5238-4001
전자우편	yeolucent@hanmail.net
ISBN	ISBN 978-89-968999-8-3

ⓒ **여서완 2024**

저자와의 합의에 의해 인지를 생략합니다. 저자의 허락없이 이 책의 내용을 전체 또는 일부를 복사할 수 없습니다. 판권 소유는 출판사에 있습니다. 이 도서의 국립중앙도서관 출판예정도서목록(CIP)은 서지정보유통지원시스템 홈페이지(https://www.nl.go.kr/seoji/)와 국가자료종합목록 구축시스템(https://www.nl.go.kr/kolisnet)에서 이용하실 수 있습니다.